SIMPLE EXPOSÉ

DE

L'EXPÉDITION DE BOULOGNE.

SIMPLE EXPOSÉ

DE

L'EXPÉDITION DE BOULOGNE,

ET QUELQUES MOTS SUR LE

PRINCE NAPOLÉON - LOUIS.

PARIS,

CHEZ LES MARCHANDS DE NOUVEAUTÉS.

1840.

Imprimerie de D'Urtubie, Boulevart Poissonnière, 12.

SIMPLE EXPOSÉ

DE L'EXPÉDITION DE BOULOGNE,

ET QUELQUES MOTS SUR LE

PRINCE NAPOLÉON-LOUIS.

Ceci n'est point un plaidoyer, ni un mémoire justificatif; c'est le récit pur et simple des faits qui se sont passés à Boulogne, racontés dans leur plus exacte vérité, tels par conséquent qu'auront à les adopter l'accusation et la défense dans le mémorable procès dont est saisie la chambre des Pairs.

En politique, l'on a des amis et des ennemis; si les premiers sont sujets à se tromper par excès de zèle, les seconds peuvent se montrer recommandables en étant généreux. On ne demande pas à tous les citoyens d'être du même parti, de la même opinion; on leur demande seulement, quel que soit leur parti, de se montrer humains, puisqu'ils appartiennent à l'humanité.

Or, ce qui rend nécessaire le récit que nous entreprenons aujourd'hui, c'est que dans l'affaire de Boulogne il s'est rencontré deux classes d'hommes par lesquels l'humanité a été foulée aux pieds, ce qui heureusement est rare dans notre glorieuse France. Nous disons deux classes, car nous ne faisons aucune distinction entre ceux qui ont voulu ôter la vie à des adversaires désarmés et sans défense, et ceux qui ont tenté par mille contes odieux de calomnier leur caractère, et de flétrir leur réputation.

Ce défaut de générosité ne nous arrachera aucun cri d'indignation, parce que loin de nuire aux accusés, il tournera évidemment à leur avantage. On aura beau récompenser tel homme qui aura fusillé par le dos un malheureux qui se noyait; la récompense, de si haut qu'elle vienne, sera pour l'opinion publique semblable à cette marque de Caïn qui signalait le méchant afin que tous les hommes le reconnussent. On aura beau, pour dénaturer le caractère d'un prince captif et malheureux, inventer et faire répandre des contes absurdes, le représenter comme un homme ivre, comme un forcené qui a perdu la tête, comme un charlatan qui dresse un aigle pour on ne sait quelle grotesque représentation; la vérité se fait jour, on apprend que cet homme ivre est la sobriété même, que ce forcené se fait adorer de tous par sa modestie et sa douceur; que ce jongleur enfin est un modèle accompli de loyauté chevaleresque et de touchante simplicité; caractère noble et pur, dont les illusions mêmes n'ont jamais cessé d'être généreuses et morales, et qui ne séparant point le grand nom de Napoléon du nom sacré de la patrie, crut toujours et croit encore que le peuple français soupire à la fois pour ces deux cultes, comme il tient à l'union de sa gloire et de sa liberté!

En racontant l'expédition de Boulogne telle qu'elle a été conçue et exécutée, notre intention n'est donc ni d'en accuser, ni d'en justifier les auteurs; mais seulement de présenter cette affaire sous sa couleur véritable. Que les uns y voient un grave sujet de blâme, les autres un événement indifférent, d'autres peut-être une occasion de regret et de sympathie : ces diverses impressions seront le résultat des faits, et nous ne nous en occupons pas, nous bornant seulement à faire en sorte que le récit de ces faits ne soit point un mensonge.

Le mardi, 4 août 1840, un bateau à vapeur anglais, la *Cité d'Édimbourg* partit d'Angleterre pour amener en France le prince Napoléon-Louis. Les chevaux du prince, les bagages nécessaires pour l'expédition avaient d'avance et secrétement été placés dans ce bateau, l'embarquement des hommes s'opéra en plusieurs lieux et par petits groupes, afin de ne pas éveiller de soupçons.

A neuf heures et demie du matin, le navire arriva à Greenwich où il prit quelques passagers. Il en prit encore à Blakwall où il était à onze heures, et à Gravesend à midi. C'était dans cette dernière ville que le prince devait s'embarquer ; le bateau jeta l'ancre, et l'on attendit jusqu'à cinq heures du soir, non que le chef de l'expédition eût mal pris ses mesures, mais parce qu'il était indispensable de n'arriver sur les côtes de France que fort avant dans la nuit. Le Prince s'étant rendu à bord, on descendit la Tamise jusqu'à la hauteur de Margate; il était dix heures du soir, les eaux étaient basses, la *Cité d'Édimbourg* ne put continuer sa route que vers trois heures du matin. Ce fut à Margate que furent embarqués les derniers hommes de l'expédition. Le bateau alors sortit de la Tamise, et Napoléon-Louis se dirigea vers la France avec les soixante hommes dont il s'était entouré.

Pourquoi toutes ces précautions dans un pays aussi libre que l'Angleterre? pourquoi ce mystère sur l'embarquement successif de ces hommes et sur tous les détails de l'expédition? il est évident que le Prince ne voulait pas être vu, et qu'il évitait les investigations de la police anglaise. Que deviennent, devant ce seul fait, les calomnies qui l'ont fait l'ami de Palmerston et l'agent de l'étranger? se cache-t-on de ses alliés? se défie-t-on de ses protecteurs intimes?

Soixante hommes! telle est la vaillante armée que Napoléon-Louis amène avec lui. Quel combat va-t-il tenter? quelle conquête doit-il entreprendre? soixante hommes dont la moitié ne sont pas militaires, c'est-à-dire ses amis et les gens de sa maison. Quel attirail pour prendre un royaume! quelles forces imposantes pour un conquérant!

C'est que ce jeune homme ne venait ni conquérir, ni prendre un royaume. Il s'y rendait, parce qu'il s'y croyait appelé. Ses partisans; il le supposait de bonne foi, c'était la France; son armée, c'était l'armée française. Il n'avait rien à changer au gouvernement, pas même le premier ministre. Il voulait entrer dans Paris, et ne sentait pas la nécessité de changer non plus le général qui commande la capitale. Le remplacement d'une dynastie par une autre dynastie, voilà ce qu'il a cru, voilà ce qu'il a rêvé, sans luttes, sans combats, par le vœu du peuple et la force des choses. D'où lui venait cette illusion? l'avenir nous dévoilera ce mystère; mais cette illusion existait, et elle seule peut tout expliquer.

Ne voulant arriver sur nos côtes qu'au

point du jour, on eut d'abord l'intention de
rester devant Ramsgate toute la journée, mais
comme le vent était violent, on prit le large
jusqu'à une lieue en mer, et on longea les côtes d'Angleterre depuis Ramsgate jusqu'à Rye,
en diminuant graduellement la force de la
vapeur. De Rye, le bateau expéditionnaire
mit le cap sur Dieppe. On voulait encore donner le change, et laisser croire que cette ville
était le lieu du débarquement projeté; mais
quand le navire fut vers le milieu de la Man-
che, on retourna de nouveau le sillage vers
les côtes anglaises, afin de gagner du temps,
et d'attendre l'heure convenable pour diriger
le bateau vers sa véritable destination.

La mer qui jusqu'alors avait été houleuse
se calma vers midi. Le Prince profita de ce
moment pour réunir tout le monde sur le
pont. Hors trois ou quatre personnes sur la
discrétion et la fidélité desquelles il avait
dû compter, ils ignoraient tous le but réel de
l'embarquement dont une partie de plaisir
avait été le prétexte. Ils entourèrent Napoléon-Louis pleins de curiosité et dans le plus

respectueux silence, et il leur dit ces mots d'une voix émue :

« Mes amis ! J'ai conçu un projet que je ne
» pouvais vous confier à tous, car dans les
» grandes entreprises le secret seul peut as-
» surer le succès. Compagnons de ma desti-
» née ! c'est en France que nous allons. *Là,*
» *nous trouverons des amis puissants et dé-*
» *voués.* Le seul obstacle à vaincre est à Bou-
» logne, une fois ce point enlevé notre suc-
» cès est certain, *de nombreux auxiliaires*
» *nous secondent.* Et si je suis secondé comme
» on me l'a fait espérer, aussi vrai que le so-
» leil nous éclaire, dans quelques jours nous
» serons à Paris ; et l'histoire dira que c'est avec
» une poignée de braves tels que vous, que j'ai
» accompli cette grande et glorieuse entre-
» prise ! »

Le Prince a dit, et comme une étincelle électrique, la même commotion a frappé à la fois tous les cœurs. On n'entend qu'une voix, mais unanime ; ils s'écrient tous : « Vive la » France ! vive l'Empereur ! » et ce moment les associe tous à la destinée du jeune Napoléon.

Ce n'était pourtant pas une troupe d'étourdis qui, sur la parole du Prince, se livraient ainsi à des espérances vaines. Le vieux Montholon, ce digne serviteur de l'immortel captif de Sainte-Hélène, Parquin, Voisin, Mésonan, Bouffet-Montauban n'étaient pas des hommes sans expérience, ni sans lumières. Le brave et loyal Dunin, le sage et vertueux Conneau, le fidèle Galvani, et cet intrépide Lombard qui voudrait donner plus que son sang, s'il était possible, pour ce prince qui est son idole; Persigny, Dalmbert, Ornano, Orsi, et ce jeune Bataille plus instruit que beaucoup de vieillards, et plusieurs autres encore que la même accusation enveloppe aujourd'hui, tous ces hommes ne sont pas, après tout, des hommes vulgaires et crédules. Pourquoi ont-ils si légèrement conçu des espérances de succès ? C'est qu'ils savent que jamais le mensonge, ni la jactance ne furent le partage de Napoléon-Louis.

En vain, direz - vous à ces infortunés qu'aucun *ami puissant et dévoué* ne les attendait en France; en vain nierez-vous les *auxi-*

liaires qui leur étaient annoncés et les chan-
ces de succès qui attendaient leur entreprise;
ils vous répondront tous que la parole du
Prince leur inspirait une confiance absolue.
Que ce qu'il disait alors, ils le tiennent pour
certain aujourd'hui; que la mauvaise issue de
l'entreprise à Boulogne a arrêté, prévenu
beaucoup d'élans et d'adhésions dont une première réussite aurait amené les preuves posi-
tives; que seul le Prince connaît les sympathies
sur lesquelles il s'appuyait, que sa loyauté lui
impose, il est vrai, le devoir de ne pas les
faire connaître, mais qu'il aime mieux passer
pour un insensé qui n'avait point d'appuis
dans le pays que de sauver son amour-propre
aux dépens de ceux qu'un premier succès aurait certainement portés à se prononcer et à
se sacrifier pour lui.

Dès que le but de l'expédition fut connu,
on donna l'ordre de distribuer les effets d'ha-
billement et d'équippement que renfermaient
des caisses dont on avait jusqu'alors ignoré le
contenu. La distribution de ces effets s'opéra
avec promptitude, et dans le plus grand ordre,

chacun se revêtit de son uniforme. Il était six heures du soir, et le bateau expéditionnaire se trouvait à la hauteur de Deal, quand on aperçut une escadrille de quatre voiles qui passait entre le navire et les côtes anglaises, la vue de ces bâtimens inspira une inquiétude qui fut bientôt dissipée. C'étaient deux corvettes hollandaises avec deux bâtimens de moindre force qui cinglaient vers l'ouest; à sept heures du soir, on s'éloigna enfin des côtes d'Angleterre; à neuf heures, la nuit étant close, on se dirigea sur le feu du cap Glynée. Enfin, à dix heures, la mer étant basse, on jeta l'ancre à une demi-lieue de la côte de France, et l'on s'occupa activement des derniers préparatifs.

Le 6 août, à une heure du matin, la *Cité d'Édimbourg* leva l'ancre et serra la côte au plus près à environ une lieue de Boulogne, au petit port de Vimereux. L'équipage n'avança qu'avec les plus grandes précautions, la sonde à la main, et la profondeur de la mer étant devenue insuffisante pour le tirage du bateau à vapeur, on mit le canot du bord à la mer, et le premier détachement, composé de huit grenadiers et d'un capitaine se dirigea vers la plage. Sept voyages successifs, promptement exécutés, mirent à terre la petite troupe expéditionnaire avec laquelle l'héritier du grand capitaine allait livrer sa destinée au hasard des événemens.

Le parti en était pris, tout le reste était affaire de résolution et de courage. On donna le change aux douaniers en leur disant que le bâtiment qui était en vue était parti la veille de Dunkerque, portant un détachement de troupes destinées à faire partie de l'expédition de la Plata; qu'il devait se rendre à Cherbourg, mais qu'un accident grave survenu à l'une de ses roues le forçait à relâcher au port le plus voisin, ce qui obligeait le commandant du détachement à faire continuer la route à pied.

Les chevaux, le reste du bagage furent laissés à bord, et le capitaine anglais eut ordre de venir mouiller devant Boulogne à un quart de lieue de la jetée, et de n'entrer qu'à un signal convenu. A Vimereux, on trouva deux officiers que le Prince avait envoyés la veille à Boulogne en mission secrète. Ils venaient au devant de l'expédition et servirent de guides. A peine formée, la colonne se mit en marche sur Boulogne, sous le commandement du prince Napoléon ; et, dès quatre heures du matin, elle entrait dans la cour du quartier d'infanterie où se trouvaient deux compagnies d'élite du 42e de ligne.

A la voix du Prince, à la vue de l'aigle impériale, sous-officiers et soldats se précipitèrent en armes dans la cour, et se rangèrent en bataille, faisant face à la colonne expéditionnaire. Une courte allocution du Prince produisit sur eux un effet magique. Ils y répondirent par les cris répétés de : « Vive le prince » Napoléon ! vive l'Empereur ! » On fit battre au drapeau et porter les armes. Le porte-aigle, Lombard, alla se placer au centre des deux compagnies, les acclamations redoublèrent. Le Prince se fit présenter sept sous-officiers qui sortirent des rangs et s'avancèrent sur le front des compagnies ; il les promut au grade de sous-lieutenant, et nomma l'un d'eux chevalier de la légion-d'honneur.

Dix minutes avaient suffi pour toutes ces choses, faites par le Prince avec promptitude et régularité; un rendez-vous avait été fixé sur un des points de la ville pour le ralliement d'un certain nombre de partisans qui devaient y attendre l'arrivée du Prince. On songeait à s'emparer des autorités civiles et militaires qui ne pouvaient plus s'opposer au succès de l'entreprise, lorsqu'un capitaine du 42e, attiré par les acclamations, entra dans le quartier; témoin des démonstrations des soldats, effrayé de sa responsabilité, il se consuma en efforts pour arrêter l'élan général. Une partie de la troupe persista dans son enthousiasme pour le Prince; une autre partie se prononça pour son officier qu'elle avait quelque honte d'abandonner; un coup de pistolet partit alors, fut-il tiré par le Prince? était-il dirigé sur le capitaine? était-ce un meurtre politique jugé nécessaire dans cette circonstance critique pour déjouer cette scission par laquelle la cause était compromise dès son origine? était-ce seulement une menace ou un signal? les débats éclairciront ce fait, quoiqu'on puisse dire dès ce moment que la mort de cet officier eût été facile si elle eût été réellement résolue.

Ne pouvant plus compter sur le concours des deux compagnies, le Prince et ses compagnons quittèrent la caserne dont les portes furent fermées. Deux ou trois cents hommes étaient rassemblés devant le quartier: « Prince! crient-ils, laissez-là vos soldats et venez à nous, conduisez-nous à l'hôtel-de-ville : des armes ! des armes ! » Touché de leur enthousiasme, Napoléon-Louis les précède, et marchant presque au pas de course, il se dirige par la Haute-Ville, vers la citadelle où il sait que des armes sont renfermées, la première porte se trouve fermée; on s'avance vivement vers la seconde donnant sur la route de Calais; celle-ci est également fermée; on s'épuise en efforts pour la briser, les moyens dont on dispose sont insuffisans, la tentative est vaine !

Cependant, la générale battait dans toutes les parties de la ville; la garde nationale, les douaniers, la gendarmerie, la troupe de ligne étaient appelés aux armes, et l'on répandait partout, non sans dessein, le bruit que le prince

Napoléon était débarqué avec un détachement d'Anglais. La haine de l'étranger, l'odieux qu'une telle association jetait sur le caractère du Prince exaspéraient les esprits, et rendaient toute explication calme impossible. Les amis de Napoléon le supplièrent de songer à la retraite; elle était facile encore, car le bateau à vapeur mouillé près du rivage était à la disposition de ceux qu'il avait conduits. « Sauvez-vous, dit-on au Prince. — Jamais, répondit-il avec énergie, ne suis-je pas venu ici pour triompher ou pour mourir ? » Puis, tirant son sabre, il ajouta d'un air sombre : « Marchons à la colonne ! »

Ce n'était ni une citadelle, ni un lieu fortifié que la colonne de Boulogne. Mais voyant en un instant s'évanouir ses espérances, Napoléon n'avait que cherché des yeux la place où il voulait mourir; et la vue d'un monument qui rappelait les souvenirs de l'empire lui fit penser qu'il convenait que ce fût là, devant un trophée de la gloire impériale, que le sang d'un Napoléon fût répandu. Il atteignit enfin la colonne, et la foule le suivait. « Mes amis ! s'écria-t-il, c'est ici, c'est au pied de la colonne que je veux mourir ! » puis se redressant avec fierté : « Voyons, ajouta-t-il, quels Français auront le triste courage de massacrer le neveu de leur empereur !.. »

Le danger devenait imminent; ses amis le pressent avec instance, et ne pouvant vaincre son caractère inflexible, ils avisent à le sauver malgré lui; le respect et l'obéissance ont fait place au dévouement; on saisit le Prince, on l'entraîne vers le rivage encore éloigné d'une demi-lieue, lorsqu'au moment de descendre la colline on se voit cerné à la fois par des gendarmes, des douaniers et des gardes nationaux. Ces troupes suivent le Prince et son escorte jusqu'à la plage, mais à distance, et sans tirer un coup de fusil. Les amis de Napoléon cherchent sur la rive un canot où il puisse s'embarquer pour atteindre le bateau à vapeur. Un frêle esquif, déjà échoué, se trouve seul en cet endroit; on s'en empare, on le pousse sur le sable pour le mettre à flot. Porté dans les bras de quelques-uns de ses fidèles compagnons, le Prince s'est enfin embarqué. On respire, et ses amis, tranquilles sur son sort, effectuent leur retraite dans différentes directions, afin de ne pas être faits prisonniers; l'événement était fini, l'entreprise avait échoué, Boulogne n'avait plus aucune attaque, aucun danger, aucun conflit à craindre, lorsque quelques hommes que le ciel et l'histoire jugeront un jour, deviennent tout-à-coup féroces, impitoyables en présence du malheur!

Oh! que, pour son honneur, Boulogne l'efface de ses annales ce jour sanglant où une cinquante d'hommes, de soi-disant gardes nationaux, qui jusqu'à ce moment étaient restés observateurs impassibles d'une défaite, se précipitèrent sur la plage, et dirigèrent sur cette barque, chargée d'hommes vaincus, désarmés et sans défense; un feu nourri dont un danger imminent commanderait seul la nécessité! Napoléon fut atteint d'une balle morte, et en reçut deux autres dans ses habits; le colonel Voisin fut frappé de trois balles; l'intendant Galvani en reçut quatre; dont une le blessa au bras droit. Le canot, peu solide, était à fleur d'eau; un mouvement le fit chavirer. Tous ceux qui le montaient tombèrent dans la mer, et eurent à se débattre contre un nouveau genre de mort. Les uns, essayant leurs forces à la nage, tâchaient péniblement de gagner le paquebot où l'on pouvait les recueillir; les autres, affaiblis par leurs blessures, étourdis par leur chute, semblaient disputer instinctivement aux flots les derniers momens de leur existence..... Français! le croirez-vous? on tirait encore, on tirait plus que jamais sur eux. Vaincus, noyés, blessés, loin d'exciter la pitié, ils semblaient inspirer la rage. La belle et noble victoire, en effet, que de massacrer un mourant, que de triompher d'un cadavre!...

Le *National* à la loyauté duquel il faut rendre justice, et qui ne mêle pas, lui, les questions d'opinions avec les saintes questions d'humanité, a flétri énergiquement cette boucherie. « Les gardes nationaux, dit le correspondant de ce journal (1), se réuni-

(1) *National* du 8 août 1840.

rent, et criblèrent de coups de fusil ces hommes désarmés, qui ayant de l'eau jusqu'à mi-corps, se trouvaient à quinze pas du rivage sans espoir de salut, faisant ainsi, comme je l'ai entendu dire à l'un d'eux, *la chasse aux canards !...* »

Constatons ces horreurs par un autre témoignage, celui du *Progrès du Pas-de-Calais :*

» Quoiqu'il n'y eût pas la moindre probabilité qu'ils pussent s'échapper, dit ce journal, des gardes nationaux accourus sur la plage, commencèrent alors à décharger leurs armes contre des hommes qui étaient hors d'état d'opposer aucune résistance. *On ne pouvait s'empêcher, dans ce triste moment, d'admirer le dévouement de ces malheureux qui, à chaque coup de feu, se jetaient sur leur chef pour le couvrir de leur corps.* C'est pendant cette fusillade que quelques hommes de la suite du prince furent blessés.... »

Lecteur dont l'âme est encore sensible, et dont l'égoïsme n'a pas desséché le cœur, lequel vaut le mieux, à votre gré, de ce garde national qui fusille par plaisir un infortuné sans défense, ou de ce malheureux si dévoué qui, voyant la mort comme inévitable, se penche pour sauver, au prix de ses jours, les jours de son prince et de son ami?

Enfin, deux barques vinrent prendre les naufragés. La première recueillit le prince Napoléon, son chef d'état-major, le commandant Mésonan, et M. Bataille un de ses officiers d'ordonnance. M. Persigny fut pris par l'autre barque, pendant que MM. Voisin et Galvani, blessés grièvement par les premières décharges étaient restés sur la plage et se trouvaient déjà prisonniers. Le comte Dunin, M. Faure avaient tous les deux cessé de vivre.

Si le canot eût atteint la *Cité d'Edimbourg,* peut-être aurait-on eu de plus grands malheurs à déplorer. Les douaniers s'en étaient emparés depuis plus d'un quart-d'heure, et se couchant à plat ventre sur le pont, ils avaient fait diriger la manœuvre de manière à laisser croire que le bateau s'approchait de la côte pour donner un asile aux fugitifs. Que voulaient-ils en se cachant ainsi? attendre que le Prince fût à leur portée pour faire feu à leur tour? Ceci n'est qu'une conjecture sans doute, mais que ne croit-on pas possible au milieu de ces circonstances atroces? et comment expliquer d'une manière convenable cette prétendue ruse de guerre, au moment où le Prince était vaincu, et où la capture du bateau faisait disparaître pour lui tout espoir de salut?

Jamais plus de dangers ne menacèrent un homme, et jamais il ne trouva dans les hommes moins de pitié. Certes, c'est un miracle que la vie du Prince. Il paraissait bien décidé dans ce jour fatal qu'il mourrait sous les balles ou dans les flots. Eh bien? les balles n'ont sillonné que ses habits, les flots l'ont rejeté, et malgré tant de barbaries, la Providence a décidé qu'il vivrait encore. Y aurait-il là-dessous quelque enseignement d'en-haut; et l'épreuve du malheur, le baptême du sang et du feu seraient-ils une consécration nécessaire pour de certains noms et de certains caractères?

Pendant que ces scènes déplorables se passaient au bord de la mer, l'étendart impérial flottait au haut de la colonne de la grande armée. Abandonné seul avec son drapeau, le porte-aigle Lombard, couché en joue par une foule de gardes nationaux et de soldats de la ligne, répondait à leurs sommations par d'énergiques refus, et par un courage digne, hélas ! d'une cause plus heureuse. Deux hommes vigoureux se présentent à lui au sommet de la colonne, et le menacent de le précipiter en bas s'il ne se rend à l'instant même. Il répond en dirigeant sur eux un pistolet à deux coups qui les tient en respect. Mais l'arrestation du Prince est annoncée, une plus longue résistance est inutile. Lombard se constitue prisonnier. Un maître maçon nommé Lejeune, témoin de cette scène, est touché de l'intrépidité du porte-aigle, lui propose de faciliter sa fuite. « Merci, mon brave, répond Lombard, ma place est auprès de ce drapeau. Mon devoir est maintenant de mourir pour notre cause, et je suis fier de l'avoir servie. »

Tel était le caractère des amis du Prince.

Une première fois, à Strasbourg, Lombard lui avait consacré sa vie; à Boulogne, le second appel de Napoléon trouva Lombard aussi dévoué. Il est des hommes qui se font une vertu dans laquelle ils placent toute leur leur existence. Punissez comme un crime ce que Lombard croit être un devoir sacré; vous ne l'empêcherez pas de vivre pour son Prince, et ce n'est pas sa faute s'il n'est pas mort pour lui. De tels dévouemens honorent celui qui les éprouve et celui qui les inspire; mais ne les craignez pas; dans ce siècle d'agiotage et d'avarice, de pareils exemples ne sont pas contagieux.

Les prisonniers furent dirigés sur la citadelle de la ville. Chacun d'eux s'occupait avec une inquiétude touchante du sort des autres. On se pressait la main, on s'informait avec anxiété des détails douloureux que nous avons racontés. Ce fut alors qu'arriva la nouvelle de la mort du brave comte de Dunin, englouti dans la mer où il avait cherché son salut, et le récit de la fin plus déplorable encore du malheureux Faure qui, blessé à la tête, et étendu sur la grève, trouva, sous l'habit d'un garde national, un bourreau pour l'achever de sang-froid, *à bout portant !...* N'est-il pas vrai que le barbare qui a commis un tel forfait eût été un assassin dans toute autre circonstance de sa vie?

Il ne pouvait y avoir qu'une opinion sur une entreprise dont l'issue avait été si malheureuse. Supposez que l'élan de la troupe n'eût pas été comprimé dès son essor, que le Prince, ce qui lui eût été facile, eût occupé la citadelle et la ville, et appelé alors à lui les partisans sur lesquels il croyait pouvoir compter, une partie de ses ressources eût alors été connue, et alors seulement on aurait pu juger de l'opportunité de sa tentative. Mais ce secret, Napoléon le tient seul, et le tient tout entier. Nul ne saura donc quelles étaient ses forces dans l'état, ses relations dans l'armée. Ne les connaissant pas parce qu'elles n'ont pu être dévoilées, on en a conclu qu'il n'en avait pas. Et il était, en effet, d'une politique adroite et commode de représenter le neveu de Napoléon comme un insensé qui pose sur des illusions et des chimères toutes ses espérances et son avenir. Que ses ennemis triomphent, ils le peuvent ; Napoléon vaincu n'ira pas dénoncer ses amis probablement. Mieux vaut cent fois pour lui qu'on doute de sa prudence que de son honneur.

Quant à son caractère, si étrangement défiguré par tant de récits, les uns ridicules, les autres infâmes, il est encore peu connu des français, il est vrai. Mais pensez - vous qu'il existe en Europe beaucoup de princes, dépouillés du pouvoir et réduits à l'exil, dont les amis soient prêts au premier signal à sacrifier leur fortune et leur vie ? Étrange insensé que celui que nul ne peut connaître sans l'aimer, sans se dévouer à lui, et dont les ennemis mêmes, en dépréciant son caractère politique, sont forcés de louer l'esprit éclairé, l'âme pleine de noblesse, et cet amour de la France et ce courage héroïque qui le rendent si digne du grand nom qui fait sa gloire et son orgueil !

On le diffame aujourd'hui ; mais les mêmes écrivains qui l'accusent et qui ignorent sur quelles ressources il fondait ses espérances, n'étaient-ils pas prêts, comme ils le sont toujours, à le louer s'il eût réussi? Lisez le *Journal des Débats* du 8 août 1815, lorsque Napoléon, fraîchement débarqué de l'île d'Elbe, avait contre lui toutes les probabilités. La France, à en croire ce journal, avait *réprouvé* pour jamais ce héros. On le nommait *le lâche guerrier de Fontainebleau;* on lui prédisait *la mort des traîtres. Tous les Français,* disait le rédacteur officiel d'alors, *le repoussent avec horreur.* Il revient aujourd'hui en France, *pour y périr comme un rebelle..*

Et le 20 mars, Napoléon, aux acclamations du peuple, entrait triomphant aux Tuileries et reprenait ce sceptre que lui avait donné le vœu de la France; et le 21 mars, le *Journal des Débats*, suspendant ses calomnies intéressées, redevenait le *Journal de l'Empire* et se résignait aux faits accomplis. Qui se souvenait alors de ses injures? qui songeait même à les lui reprocher?

Nous avons terminé notre récit; et la main sur la conscience, nous affirmons que d'un bout à l'autre il est parfaitement conforme à la vérité.

La Chambre des Pairs va maintenant faire son œuvre. De grandes questions politiques s'agitent devant elle et devant le pays. Puissent-elles recevoir une solution qui soit conforme à l'humanité autant qu'à la justice, et qui ne jette dans aucune conscience des regrets pour l'avenir.

Ce n'est pas ici un plaidoyer, ni une œuvre de discussion. Nous n'examinerons donc pas si le prince Napoléon - Louis n'est pas d'une bonne foi parfaite, lorsque se fondant sur les lois de l'empire qui ont réglé l'ordre de succession, et convaincu que la violence n'a pu détruire ces lois, il se croit appelé à protester contre les événemens qui ont précipité du trône la famille impériale.

Nous n'irons pas nous enquérir de l'exactitude de ce mot de Napoléon-Louis auquel on disait : « Napoléon fut, il est vrai, choisi par la nation, mais *quoique son héritier légitime, rien ne prouve que vous soyez appelé par le vœu national ;* » et **qui** répondit :

« c'est précisément la même chose, et dans les mêmes termes, que je dirais à *M. le duc d'Orléans*, quand il réclamera la succession du roi Louis-Philippe. »

Certes, nos lois protègent le pouvoir actuel ; et nous n'irons pas follement mettre en doute le droit de son existence. Vous *fûtes* jadis, dirons-nous aux Napoléons, et d'autres *sont* aujourd'hui. Les dates seules vous condamneraient - elles, que leur condamnation semble à tout le monde politiquement irrévocable.

« N'en croyez rien, répondait Napoléon à un de ses partisans. En 1814, la date avait condamné les Bourbons, et leur passé flétri dans la proscription, s'est relevé puissant et légitime. En 1815, Napoléon avait abdiqué ; et son retour de l'île d'Elbe a amené un gouvernement régulier et des lois avec lesquelles vous rendez encore la justice. Quiconque s'éclaire aux leçons de l'histoire contemporaine ne dira pas que les dynasties qui tombent ne sauraient revenir, car de nos jours deux sont tombées, et toutes les deux sont également revenues. »

Ainsi parle, ainsi pense le jeune Napoléon. Que lui répondre? rien, car la loi qui hier le faisait *altesse impériale*, le traduit aujourd'hui devant la chambre des pairs; et ce que cette loi fera dans dix ans, dans vingt ans, nul ne le sait, car nul ne peut sonder les secrets de Dieu.

Une voix éloquente s'est fait entendre pour sa défense; et élevant la cause à sa juste hauteur, elle vient de secouer la poussière des réquisitoires, et de montrer dans l'arène, avec ce Napoléon captif, non un criminel aux termes du code, mais un adversaire politique, mais l'héritier d'une dynastie qui, à tort ou à raison, demande sa place et réclame ses droits; dynastie que rien jusqu'à présent n'a soumise à la qualité de sujette, dans un ordre de choses dont elle est *seule* exclue, *seule* ne participant ni au bénéfice de nos lois, ni par conséquent à leur rigueur. Puissent les esprits politiques de la chambre des pairs sortir des étroites questions de judicature et comprendre toute la portée du jugement qu'ils vont prononcer! Ce n'est pas un jeune homme à l'entreprise aventureuse qu'ils vont juger dans ce moment; c'est un nom sublime, c'est une dynastie que ce nom représente qu'il s'agit pour eux de rayer des contingens à venir. Ils vont défier les révolutions et le tems. Ils vont se mettre à la place de la destinée...

Nobles Pairs, qui dans un siècle si fécond en catastrophes politiques, êtes arrivés, la plupart par les talens et le mérite, aux premières dignités de l'ordre social! croyez-vous que ce nom si rétentissant de Napoléon puisse être tout-à-coup et par un arrêt, banni de tous les cœurs et de toutes les mémoires! Ce cercueil qui sillonne les mers et qu'appelle de ses vœux l'impatience nationale, ne sera-t-il pour vous qu'un lugubre autel où vous porterez en sacrifice l'existence ou la liberté de celui que les lois du grand homme avaient désigné comme son successeur? Voulez-vous honorer ou voulez-vous outrager ces cendres immortelles? Appellerez-vous à la fois sur

une race auguste l'apothéose et les malédic-
tions !

Ah ! vous auriez beau faire : de tels noms
et de tels souvenirs ne s'évanouissent pas devant un procès criminel. La clémence prouve
chez le juge plus de sagesse, et garantit au
pouvoir plus de repos. Prononcez donc ; mais
que le grand nom impérial ne cesse de re-
tentir à votre oreille avec toute sa majesté du
passé et ses glorieuses influences sur l'avenir.
Il est des choses que l'on ne peut tout-à-fait
vaincre, parce qu'elles sont, de leur nature,
invincibles. C'est ainsi que la fable nous peint
les Titans renversés par la foudre et ensevelis
sous les montagnes ; foudroyés et écrasés,
leurs commotions agitaient encore le monde ;
et la cîme fumante de l'Etna annonçait qu'il
est des feux souterrains que la colère céleste
elle - même ne saurait éteindre dans un
jour !...